Minun kaikista kaunein uneni

My Most Beautiful Dream

Lastenkirja kahdella kielellä

Lataa äänikirja täällä:

www.sefa-bilingual.com/mp3

Ilmainen pääsy salasanalla:

suomi: **BDFI1518**

englanti: **BDEN1423**

Cornelia Haas · Ulrich Renz

Minun kaikista kaunein uneni

My Most Beautiful Dream

Kaksikielinen lastenkirja,

mukana äänikirja ladattavaksi

Käännös:

Janika Tuulia Konttinen (suomi)

Sefâ Jesse Konuk Agnew (englanti)

Lulu ei pysty nukahtamaan.
Kaikki muut näkevät jo unta –
hai, elefantti, pieni hiiri,
lohikäärme, kenguru, ritari,
apina, lentäjä. Ja vauvaleijona.
Myös nallen silmät painuvat jo
melkein kiinni ...

Hei nalle, otatko minut mukaan
uneesi?

Lulu can't fall asleep. Everyone
else is dreaming already – the
shark, the elephant, the little
mouse, the dragon, the
kangaroo, the knight, the
monkey, the pilot. And the lion
cub. Even the bear has trouble
keeping his eyes open ...

Hey bear, will you take me
along into your dream?

Ja niin jo on Lulu Nalle-Unimaassa. Nalle kalastaa Tagayumi-järvellä. Ja Lulu ihmettelee, kuka tuolla ylhäällä puissa mahtaa asua?

Kun uni päättyy, tahtoo Lulu seikkailla vielä lisää. Tule mukaan, menemme käymään hain luona! Mistä se mahtaa nähdä unta?

And with that, Lulu finds herself in bear dreamland. The bear catches fish in Lake Tagayumi. And Lulu wonders, who could be living up there in the trees?

When the dream is over, Lulu wants to go on another adventure. Come along, let's visit the shark! What could he be dreaming?

Hai leikkii hippaa kalojen kanssa. Vihdoinkin hänellä on ystäviä! Kukaan ei
pelkää hänen teräviä hampaitaan.

Kun uni päättyy, tahtoo Lulu seikkailla vielä lisää. Tulkaa mukaan,
menemme käymään elefantin luona! Mistä se mahtaa nähdä unta?

The shark plays tag with the fish. Finally he's got some friends! Nobody's afraid of his sharp teeth.

When the dream is over, Lulu wants to go on another adventure. Come along, let's visit the elephant! What could he be dreaming?

Elefantti on kevyt kuin höyhen ja pystyy lentämään! Pian se laskeutuu taivasniitylle.

Kun uni päättyy, tahtoo Lulu seikkailla vielä lisää. Tulkaa mukaan, menemme käymään pienen hiiren luona! Mistä se mahtaa nähdä unta?

The elephant is as light as a feather and can fly! He's about to land on the celestial meadow.

When the dream is over, Lulu wants to go on another adventure. Come along, let's visit the little mouse! What could she be dreaming?

Pieni hiiri katselee tivolia. Eniten hän pitää vuoristoradasta.

Kun uni päättyy, tahtoo Lulu seikkailla vielä lisää. Tulkaa mukaan, menemme käymään lohikäärmeen luona! Mistä se mahtaa nähdä unta?

The little mouse watches the fair. She likes the roller coaster best. When the dream is over, Lulu wants to go on another adventure. Come along, let's visit the dragon! What could she be dreaming?

Lohikäärmeellä on jano tulen syöksemisestä. Mieluiten se haluaisi juoda
kokonaisen limonadijärven tyhjäksi.

Kun uni päättyy, tahtoo Lulu seikkailla vielä lisää. Tulkaa mukaan,
menemme käymään kengurun luona! Mistä se mahtaa nähdä unta?

The dragon is thirsty from spitting fire. She'd like to drink up the whole lemonade lake.

When the dream is over, Lulu wants to go on another adventure. Come along, let's visit the kangaroo! What could she be dreaming?

Kenguru hyppii läpi makeistehtaan ja ahtaa pussinsa täyteen. Vielä lisää sinisiä karkkeja! Ja lisää tikkareita! Ja suklaata!

Kun uni päättyy, tahtoo Lulu seikkailla vielä lisää. Tulkaa mukaan, menemme käymään ritarin luona! Mistä se mahtaa nähdä unta?

The kangaroo jumps around the candy factory and fills her pouch. Even more of the blue sweets! And more lollipops! And chocolate!

When the dream is over, Lulu wants to go on another adventure. Come along, let's visit the knight! What could he be dreaming?

Ritari käy kakkusotaa unelmiensa prinsessan kanssa. Ooh! Kermakakku menee ohi!

Kun uni päättyy, tahtoo Lulu seikkailla vielä lisää. Tulkaa mukaan, menemme käymään apinan luona! Mistä se mahtaa nähdä unta?

The knight is having a cake fight with his dream princess. Oops! The whipped cream cake has gone the wrong way!

When the dream is over, Lulu wants to go on another adventure. Come along, let's visit the monkey! What could he be dreaming?

Kerrankin apinamaassa on satanut lunta! Koko apinajoukko on riemuissaan ja pelleilee.

Kun uni päättyy, tahtoo Lulu seikkailla vielä lisää. Tulkaa mukaan, menemme käymään lentäjän luona, mihin uneen hän on mahtanut laskeutua?

Snow has finally fallen in Monkeyland. The whole barrel of monkeys is beside itself and getting up to monkey business.

When the dream is over, Lulu wants to go on another adventure. Come along, let's visit the pilot! In which dream could he have landed?

Lentäjä lentää ja lentää. Maailman loppuun ja vielä eteenpäin tähtiin asti.
Siihen ei ole vielä kukaan toinen lentäjä pystynyt.
Kun uni päättyy, ovat kaikki jo hyvin väsyneitä, eivätkä he tahdo enää
seikkailla niin paljon. Mutta vauvaleijonan luona he haluavat vielä käydä.
Mistä se mahtaa nähdä unta?

The pilot flies on and on. To the ends of the earth, and even farther, right on up to the stars. No other pilot has ever managed that.

When the dream is over, everybody is very tired and doesn't feel like going on many adventures anymore. But they'd still like to visit the lion cub.

What could she be dreaming?

Vauvaleijonalla on koti-ikävä ja se haluaa takaisin lämpimään, pehmoiseen petiin.
Ja muut myös.

Ja siellä alkaa …

The lion cub is homesick and wants to go back to the warm, cozy bed.
And so do the others.

And thus begins ...

... Lulun kaikista kaunein uni.

... Lulu's
most beautiful dream.

Foto: Ingrid Hagenreich

Cornelia Haas syntyi 1972 Ichenhausenissa Augsburgissa (Saksa). Hän opiskeli muotoilua Münsterin ammattikorkeakoulussa ja valmistui sieltä diplomi-muotoilijaksi. Vuodesta 2001 lähtien hän kuvittaa lasten- ja nuortenkirjoja, vuodesta 2013 lähtien hän opettaa akryyli- ja digitaalimaalauksen dosenttina Münsterin ammattikorkeakoulussa.

Cornelia Haas was born near Augsburg, Germany, in 1972. After completing her apprenticeship as a sign and light advertising manufacturer, she studied design at the Münster University of Applied Sciences and graduated with a degree in design. Since 2001 she has been illustrating childrens' and adolescents' books, since 2013 she has been teaching acrylic and digital painting at the Münster University of Applied Sciences.

www.cornelia-haas.de

Väritätkö mielelläsi?

Täältä löydät kaikki tarinan kuvat väritettäviksi:

www.sefa-bilingual.com/coloring

Pidä hauskaa!

Hyvä lukija,

kuinka hienoa, että olet löytänyt kirjani! Jos se oli mieleesi (ja varsinkin lapsesi mieleen), välitä se mieluusti eteenpäin, Facebook-tykkäyksenä tai ystävillesi lähetetyn sähköpostin kautta:

www.sefa-bilingual.com/like

myös kommentista tai arvostelusta tulisin todella iloiseksi. Tykkäykset ja kommentit ovat kehuja kirjailijoille, sydämelliset kiitokset!

Odota vielä kärsivällisesti, jos kielellesi ei vielä löydy äänikirjaversiota! Teemme töitä sen eteen, että kaikilla kielillä olisi saatavilla äänikirjaversio. Tilannekatsauksen saat „kielitaikahatustamme" Internet-sivuillamme:

www.sefa-bilingual.com/languages

Nyt haluan kuitenkin esitellä lyhyesti itseni: Synnyin 1960 Stuttgartissa, yhdessä kaksoisveljeni Herbertin kanssa (josta myös tuli kirjailija). Opiskelin Pariisissa ranskalaista kirjallisuutta ja muutamaa kieltä, sen jälkeen Lyypekissä lääketiedettä. Urani lääkärinä jäi kuitenkin lyhyeksi, sillä jo pian tulivat kirjat mukaan kuvioihin: ensin lääketieteelliset ammattikirjat, joiden julkaisijana ja kustantajana toimin, myöhemmin asiateokset ja lastenkirjat.

Asun vaimoni Kirstenin kanssa Lyypekissä aivan pohjoisessa Saksassa, yhdessä meillä on kolme (nyt jo aikuista) lasta, koira, kaksi kissaa ja pieni kustantamo: Sefa Verlag.

Se, joka haluaa tietää minusta lisää, voi käydä Internet-sivuillani ja ottaa sitä kautta minuun myös mieluusti yhteyttä: **www.ulrichrenz.de**

Sydämellisin terveisin,

Ulrich Renz

Lulu suosittelee lisäksi:

suomi — kaksikielinen — **englanti**

ISBN: 9783739909660

Nuku hyvin, pieni susi

Lapsille yli 2-vuotiaiden

mukana äänikirja

Timiä ei nukuta. Hänen pieni sutensa on kadonnut! Unohtuikohan se ulos? Aivan yksin hän uskaltautuu pimeään yöhön – ja saa mukaansa odottamattomia vieraita....

Saatavilla kielilläsi?

▶ Katso „kielitaikahatustamme":

www.sefa-bilingual.com/language-wizard-wolf

Ulrich Renz · Marc Robitzky

Villijoutsenet
The Wild Swans

Perustuen Hans Christian Andersenin satuun

suomi kaksikielinen englanti

Villijoutsenet

Perustuen Hans Christian Andersenin satuun

ikäsuositus: 4-5. ikävuodesta eteenpäin

mukana äänikirja

ISBN: 9783739970080

Hans Christian Andersenin „Villijoutsenet" ei ole syyttä yksi maailman luetuimmista saduista. Ajattomassa muodossaan se käsittelee inhimillisten näytelmien aiheita: pelkoa, rohkeutta, rakkautta, pettämistä, eroa ja uudelleen löytämistä.

Saatavilla kielilläsi?

► Katso „kielitaikahatustamme":

www.sefa-bilingual.com/language-wizard-swans

More of me ...

Bo & Friends

▶ Children's detective series in three volumes. Reading age: 9+

▶ German Edition: „Motte & Co" ▶ www.motte-und-co.de

▶ Download the series' first volume, „Bo and the Blackmailers" for free!

www.bo-and-friends.com/free

© 2019 by Sefa Verlag Kirsten Bödeker, Lübeck, Germany

www.sefa-verlag.de

IT: Paul Bödeker, München, Germany

ISBN: 9783739963099

Version: 20190101

www.sefa-bilingual.com

www.ingramcontent.com/pod-product-compliance
Lightning Source LLC
Chambersburg PA
CBHW041435120626
46547CB00002B/224